主　　编 —— 袁岚峰
执行主编 —— 张周项

人工智能会超越人类吗？

张军平 —— 著
梁　晨 —— 绘

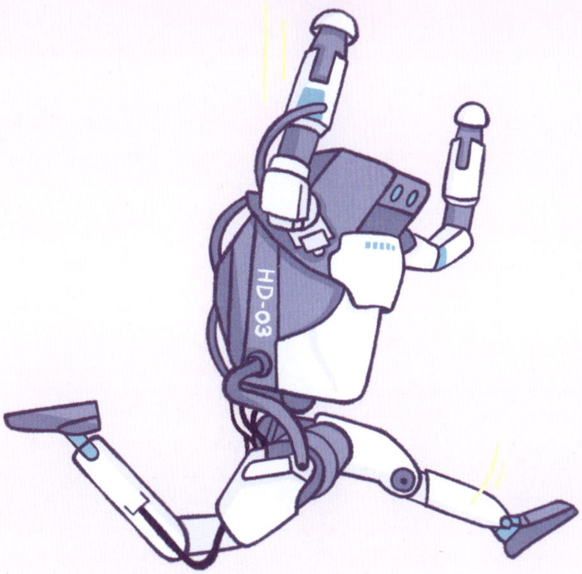

CTS K 湖南科学技术出版社 · 长沙

推荐序

亲爱的孩子们，当我翻开《我是未来科学家》这套书时，我仿佛看到了科学的无限可能，也看到了你们充满好奇和渴望知识的眼睛。科学，是一场永无止境的探险。小时候在乡村的生活，让我受到了大自然的熏陶和感染，对科学好奇的种子或许那时就已经萌发。然而，我的科学之旅，可以说是一本《化石》杂志开启的。那是我在高中时期，一次偶然的机会，班主任为我们订阅了这本杂志，它让我第一次近距离接触到地球与生命科学的世界。在科研的道路上，我经历了不少的挑战与困难，但我始终保持着那份对科学的好奇与热爱。

在 21 世纪的今天，科学的发展日新月异，科学不仅仅是实验室里的研究，它更是推动社会进步、改善人类生活的强大力量。前沿科学代表着科技发展的最先进部分，是推动社会进步和持续发展的重要力量。普及前沿科学，对于提高公众的科学素质、培养孩子的科学精神和创新意识具有重要意义。它不仅能够拓宽你们的科学视野，还能够激发你们对未知世界的探索欲望，为未来的科技创新储备人才。

这套书，就像是一扇通往科学世界的窗户，让你们能够窥见前沿科技的魅力。在《我是未来科学家》中，10位专家为孩子们呈现了人工智能、生命科学、能源开发、量子科技、虚拟世界、太空探索等10个领域的最新技术及原理、实际应用以及改变世界的力量，讲述了科学家奋斗的艰辛历程。这套书不仅展示了科技的巨大潜力，也为我们指明了未来发展和前进的方向。孩子们将在书中感受到，科学并非遥不可及，而是就在我们的生活中，只要我们用心去发现，就能找到它的踪迹，激励我们去追寻那些尚未被揭示的科学奥秘，去挑战那些看似不可能的问题。

孩子们，你们是科学的未来，是国家的希望。期待你们在阅读这套书的过程中，能够感受到科学的魅力，激发起对科学的热爱和追求。希望你们保持对科学的好奇心，勇于挑战未知，成为未来的科学家和创造者。

最后，我要感谢这套书的编创团队，他们用生动的语言和精彩的故事，为大家描绘了一个充满奇幻和奥秘的科学世界。我相信，在这套书的陪伴下，你们一定能够放飞科学的梦想，探索未知、创造未来！

中国科学院 周忠和

人工智能的来由

很久以前，人们就梦想让机器变得跟人一样聪明。1956 年在美国达特茅斯学院，一位名为约翰 · 麦卡锡的年轻人组织了一次会议来研究这个如何“让机器变聪明”的问题。

麦卡锡给这次会议起名为“人工智能”，希望机器能像人一样思考、有情感，人工智能的名字由此而来。

但是，让机器具备智能可没那么容易。科学家为此努力了约 80 年，人工智能的发展经历了多次兴衰，现在它正处于有史以来表现最为强劲的时期。

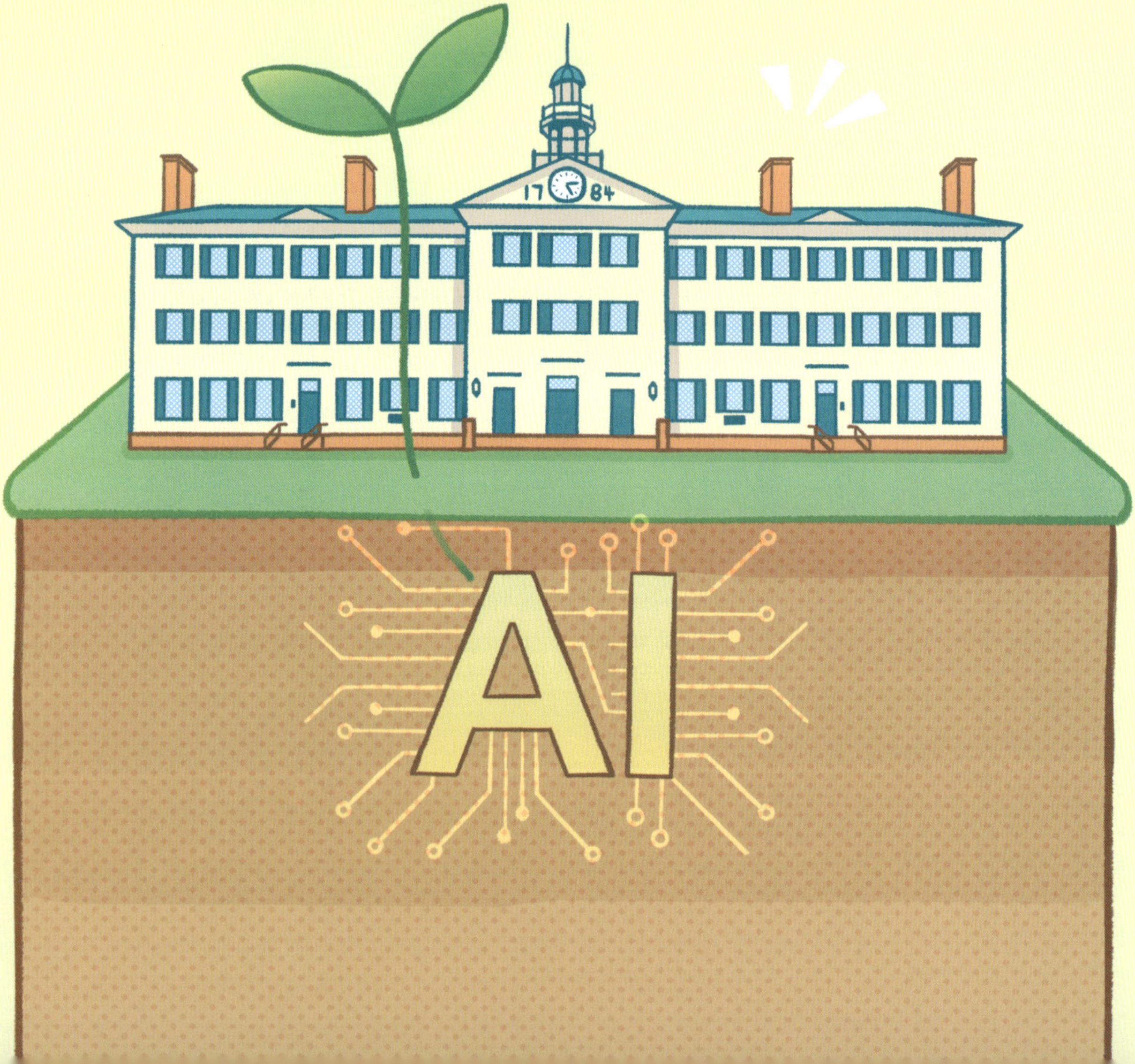

科学家们想知道机器是不是真的变聪明了？英国科学家艾伦·图灵在1950年想出了一个神奇办法。

图灵把一个人和一台机器分别关在两间房里，然后让测试者去问人和机器相同的问题。根据回答的情况，测试者要判断房间里哪一个是人，哪一个是机器。

图灵认为，如果平均10人里有3个测试者在5分钟内还猜不出哪一个是人、哪一个是机器，那就说明机器已经变得和人一样聪明。

但是，到目前为止还没有任何一台机器被公认为完全通过测试。因此，想实现像人一样水平的人工智能，我们还有很长的路要走！

情感

人类也希望人工智能有朝一日能像人一样拥有情感，能分享喜怒哀乐。

然而，人工智能最难获取的能力便是情感，即使是一条普通的宠物犬都比它能更好地理解主人的心思。

好莱坞著名导演史蒂文·斯皮尔伯格曾于2001年拍摄了一部科幻电影——《人工智能》，讲述在21世纪中期，机器小孩大卫寻找养母的故事。

在旅程中，大卫希望能找回自我，成为真正的人。千年以后，外星人把沉睡在海底的大卫唤醒，答应满足他一个愿望。而大卫唯一的要求就是能再见到曾经爱他的养母。

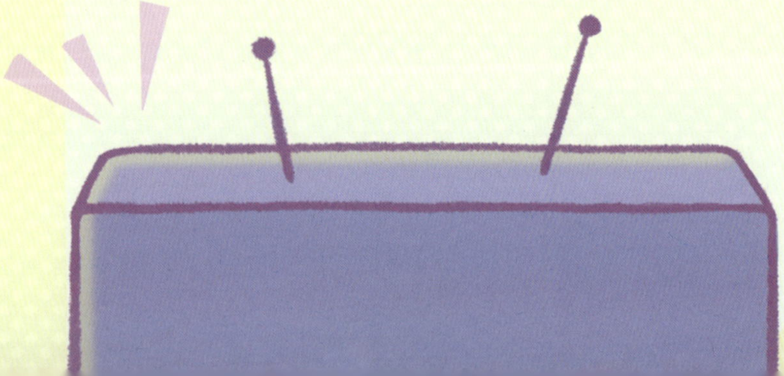

虽然如此，人工智能的能力依然非常强大，尤其是在2012年深度学习技术兴起之后。深度学习，就像堆叠了很多层的千层蛋糕。当把数据（比如一张张人脸图像）像各种糖粉一样撒在蛋糕层的第一层，后面增加的蛋糕层会逐层吸收不同的味道（即信息）。

当层数足够多的时候，蛋糕吸收的各种“味道”组合在一起就像不同数据组合形成的规律。一旦规律被深度学习模型所掌握，它就能够很好地理解和完成新的、复杂的任务了。

数据

我们需要通过接触外界和不断学习才能得到成长，人工智能也一样。

即使有了深度学习的网络结构，如果不学习一样无法发挥作用。不过，人工智能需要的“食材”是数据。

一张图片、一个样本、一段视频，甚至一本书都可以被视为数据。

要让人工智能获得出色的能力，就需要特别多的数据。把这些数据“投喂”给人工智能之前，最好先进行标记。比如将张三的照片标记为“张三”，李四的照片标记成“李四”。

这就相当于给每张照片或数据打上了便于人工智能识别和学习的“标签”。

显卡 GPU

仅仅拥有大量数据和深度学习模型，还不能够让人工智能学得快、学得好。

早期的人工智能学习就像排长队买票，前面的人买到票后，后面的人才能买，其学习速度很慢。于是，人工智能科学家找到了 GPU（图形处理单元），在早期被称为显卡。

GPU 原来的主要用途是给游戏图像进行渲染。

在人工智能领域里，GPU 的作用就像同时开了多个售票窗口一样，大量数据被分配到不同的队伍并同时处理，这样就加快了人工智能学习的速度。

新推出的显卡能开的窗口越来越多，处理速度也越来越快，自然对人工智能的帮助也越来越大。

人脸识别

有了深度学习、大数据和 GPU，人工智能在许多领域应用的性能就有了显著提升。

比如人脸识别，在理想环境下，最先进的人工智能方法可以轻松地通过人脸识别出地球上所有人类的身份。机场、高铁都在使用人脸识别系统来实现快速通行，甚至去超市购物也能通过刷脸来支付。

不过，人脸识别系统也不是完全靠谱，如果摄像头捕捉的光线太强，识别会因为看不清人脸而失败。

人离摄像头距离太远，人工智能也不一定看得清楚。

另外，也存在通过佩戴伪造他人身份的三维面具导致人脸被系统错误识别的风险。

猫的贡献

要做好人脸识别，需要预先给每个人的照片打上标签。

如果没有标签，人工智能有没有可能学习呢?

谷歌大脑团队于 2012 年就曾用大量没有标注的图片和视频，动用了 16 000 个处理器进行了一周的运算。在观看了从网络搜集的 1000 万个素材（图片和视频）后，人工智能模型居然能认识“猫”了。

这让科学家兴奋不已，因为它有些类似于人类在没有老师指导的情况下也能学习的方式。这意味着机器也能像人一样可以自动学习。

从此，谷歌大脑开始重金布局人工智能的研究，百度也不甘示弱，紧随其后，成立了百度大脑。一时间在全球掀起了人工智能的竞争热潮。

猫的视觉贡献

实际上，猫对科研的贡献远早于此。

早在 1958 年，两位科学家休伯尔（Huber）和维泽尔（Wiesel）就曾在猫的大脑中插入电极，发现猫在看到特定方向的闪光条时，大脑里相应位置的神经细胞会有强反应。他们从而推测出猫在观察世界时，会在大脑里把看到的图像分解成诸如方向条的结构，然后再通过视觉中枢将这些小的结构拼成完整图像。

因此，休伯尔和维泽尔后来在 1981 年获得诺贝尔生理学或医学奖，而此发现也成为人工智能领域中深度学习结构设计的基础之一。

跳棋与国际象棋

人工智能的目标之一是希望产生与人类媲美的智能。由于下棋规则简单，又比较容易编成程序，所以成为科学家首先想让人工智能战胜人类的领域。

1959 年，人工智能学家塞缪尔设计的跳棋程序最早战胜了人类。

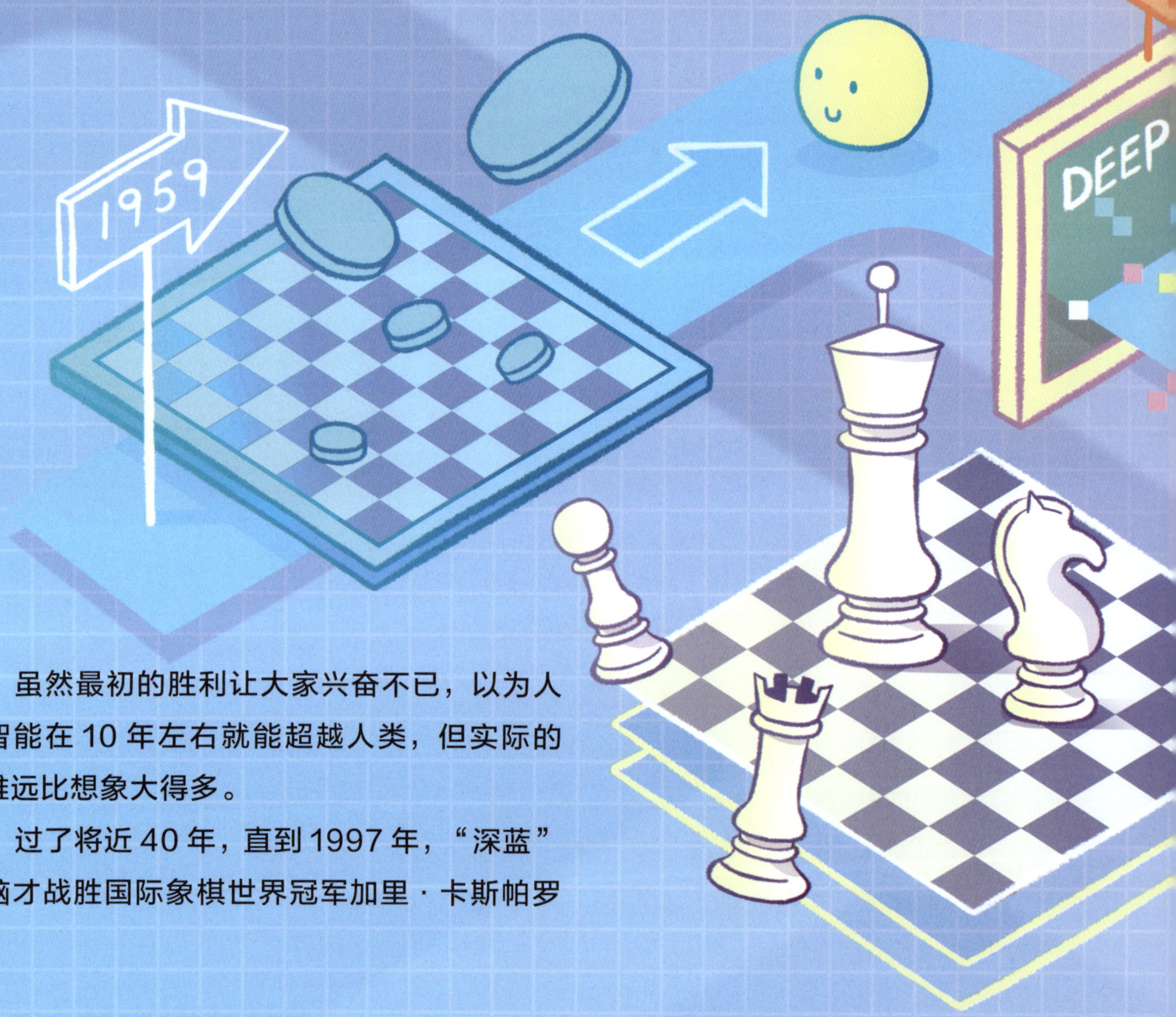

虽然最初的胜利让大家兴奋不已，以为人工智能在 10 年左右就能超越人类，但实际的困难远比想象大得多。

过了将近 40 年，直到 1997 年，“深蓝”电脑才战胜国际象棋世界冠军加里 · 卡斯帕罗夫。

又过了近 20 年，2016 年谷歌研发的智能围棋程序 AlphaGo，才战胜了围棋世界冠军李世石。

为什么突破要比预期的时间晚很多呢？因为围棋有 361 个格子，有很多种走法，计算量和时间远超过当时计算机能承受的范围。

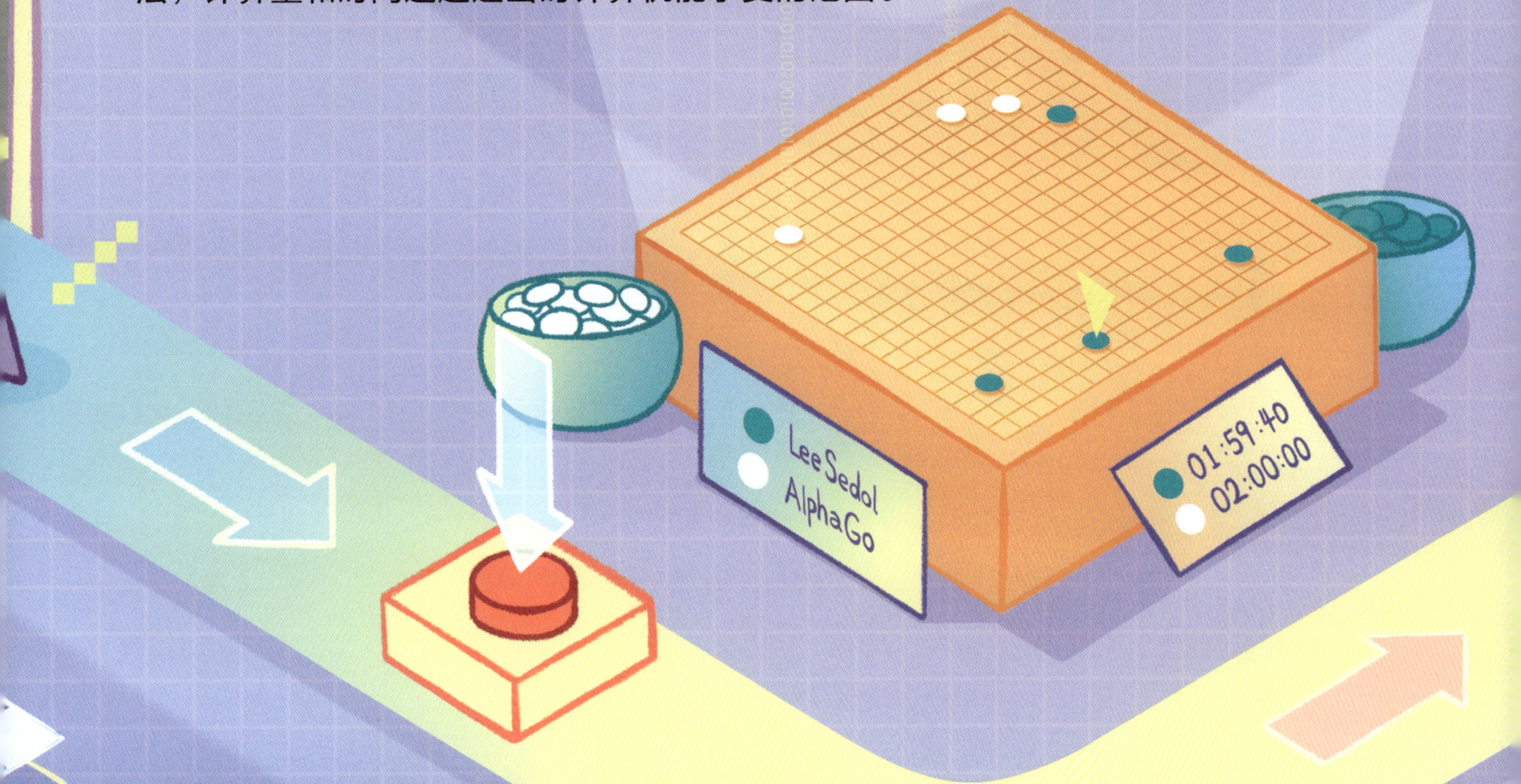

原本以为人工智能不可能在短时间内寻找到妙招，然而科学家找到了一种非常巧妙的快速搜索策略，使得人工智能成功赢得围棋比赛，甚至发现了围棋棋谱中没见过的棋招。

自此以后，围棋界都开始流行用人工智能发现的新棋招来开局。

游戏

除了围棋，科学家也希望人工智能可打败游戏高手。

与围棋相比，电脑游戏面临的变数、随机性更为复杂，而且游戏需要实时的反应，否则很容易输。

谷歌旗下的 DeepMind 公司于 2018 年开发了一款阿尔法星 (AlphaStar) 的游戏玩家系统。

阿尔法星通过模仿人类玩家，在反复多次的游戏中不断强化自己的学习能力，它变得更善于对战场进行微管理，行动更加快速、果断。

同年 12 月，阿尔法星与职业玩家在《星际争霸 II》进行了一场比赛，以 10：1 的战绩打败了职业玩家，这也是人工智能首次在电脑游戏中击败人类。

生命科学

人工智能现在可以帮助我们解锁生命的秘密。

以构成生命体的蛋白质为例，它的形状决定其功能。蛋白质的立体形状就像一把特殊样式的钥匙，和其他相匹配的“锁”结合后，才能表达特定的功能。

就像血液里的红细胞可以搬运氧气一样，科学家需要从构成蛋白质的氨基酸序列预测出其折叠后的形状，然后才能推断其对应的功能。

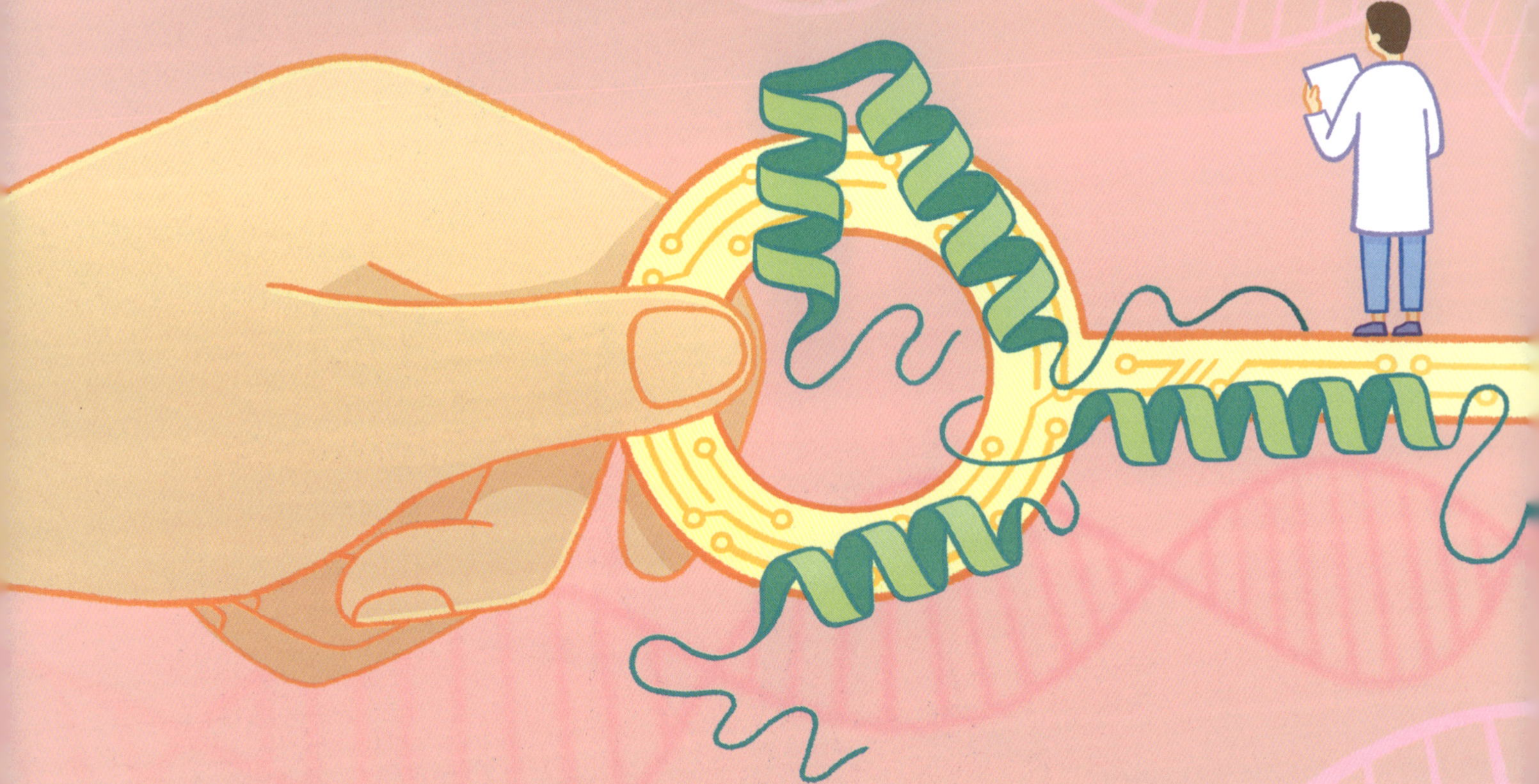

以前生命科学家的重心，便是做大量的实验来从序列预测形状，这一过程特别耗时间。

2020 年，谷歌的 DeepMind 公司按照这个思路利用人工智能推出了阿尔法折叠(AlphaFold)，通过海量的序列与蛋白质形状对的学习，成功地实现了从氨基酸序列到蛋白质形状（结构）的预测。该公司的两位核心成员也因此获得 2024 年诺贝尔化学奖。

阿尔法折叠预测得又快又好，从而把生命科学家们从繁重的工作中解放出来，直接加速了人类理解和解谜生命进化的进程。

聊天机器人

人类的梦想之一，是希望有朝一日能与人工智能促膝谈心。

2022 年底，ChatGPT（聊天生成式预训练转换模型）的出现，让人类实现这一梦想又进了一步。

ChatGPT 的蜕变归功于 2017 年谷歌提出的转换模型 Transformer。这个转换模型源自自然语言处理领域，原本用于预测句子里单词与单词之间的相关性。

这个过程类似补牙，比如将上面一排牙比作一个句子，每颗牙就是句子里的一个单词。当缺了一颗牙后，转换模型可以利用大量的牙齿数据（即语言数据）学习和推断出缺的那颗牙（即缺失的单词）是什么样子。

经过升级换代，ChatGPT 甚至还可以像预测哪一对上下牙最吻合一样，预测句与句、段落与段落、章节与章节的关系。在与人聊天的过程中，它还能不断地进行学习。

终于在 2022 年底，ChatGPT 技惊四座。实现了人工智能在聊天领域的大突破，也引发了非常多的公司开始跟进大语言模型的研发，被世人戏称为“百模大战”。

人工智能作家

ChatGPT 是一种基于深度学习的自然语言处理模型，它不仅能用于聊天，也能用于创作。不过，早在大模型出来前，微软的人工智能聊天虚拟机器人“小冰”就曾于 2017 年出版过一本诗集《阳光失了玻璃窗》。时至今日，人工智能的创作能力已经精进不少。

比如在 ChatGPT 基础上改进的 GPT-4 加速版，能一次对近 300 页长度的文本进行自由联想。

虽然这种创作方式像一只猴子在乱敲键盘，但在不久的将来，这只“人工智能的猴子”有可能独立撰写一部长篇小说。

绘画

除了写作，绘画也被人类归为高雅艺术范畴，无论是中国的水墨画，还是外国的油画，都深受人们的喜爱。优秀的画家往往具有独特的视角或深厚的功底。

普通人想学好绘画非常难。然而，人工智能却悄悄利用它能从大数据中学习的优势，近年来异军突起。

2022 年 8 月，在美国科罗拉多州博览会的艺术比赛上，由人工智能绘图工具 Midjourney 创作的《太空歌剧院》居然击败人类艺术家，获得数字艺术类别的冠军。

Midjourney 的创作方式也出人意料：首先是假定任意图像都是从类似黑白点的噪声图像逐渐去噪形成的。只要用大量图像集训练人工智能模型，就能让它学会从图像变成噪声再还原回图像的规律。要生成新的艺术图像，只需要改变模型中使用的提示词，比如“太空”“歌剧院”“歌手”等，便能产生随心所欲的变化。

文生视频

利用文字描述，不仅能生成图像，还能生成视频。

2024 年 2 月由 OpenAI 公司推出的世界模拟器 SORA 能生成时长 1 分钟的各类视频。无论是走在时代广场的时髦女性，咖啡杯里随波逐浪的海盗船，还是无人机视角下的海边风景等，SORA 都能惟妙惟肖地呈现出来。

当然，SORA 也没有做到完美无缺。比如视频里偶然会出现不存在的汉字、吹不灭的蜡烛、多条腿怪异的走路方式等瑕疵。

尽管如此，文生视频已充分展现了人工智能在构建虚拟世界方面的强大实力，让人感受到真实与虚拟的界限日益模糊。

人工智能医生

每个人都会生病，因此去医院看病是不可避免的。但如果患者太多，就会导致医生因人手不够，看病效率变得很低。

人工智能可以在各个环节为医生提供帮助。

比如，根据患者口述的病情，人工智能可以给出初步的判断或建议。

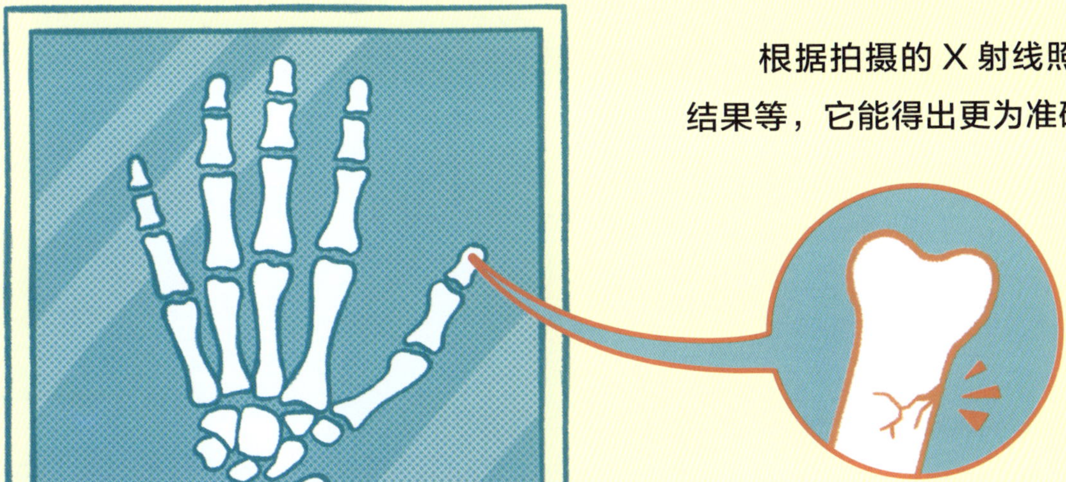

根据拍摄的 X 射线照片、抽血检验结果等，它能得出更为准确的推论。

在微创手术中，人工智能还能通过图像及时告知医生，是否已将病变组织切除干净。

甚至可以在确诊后，根据患者的情况提出合适的用药建议。

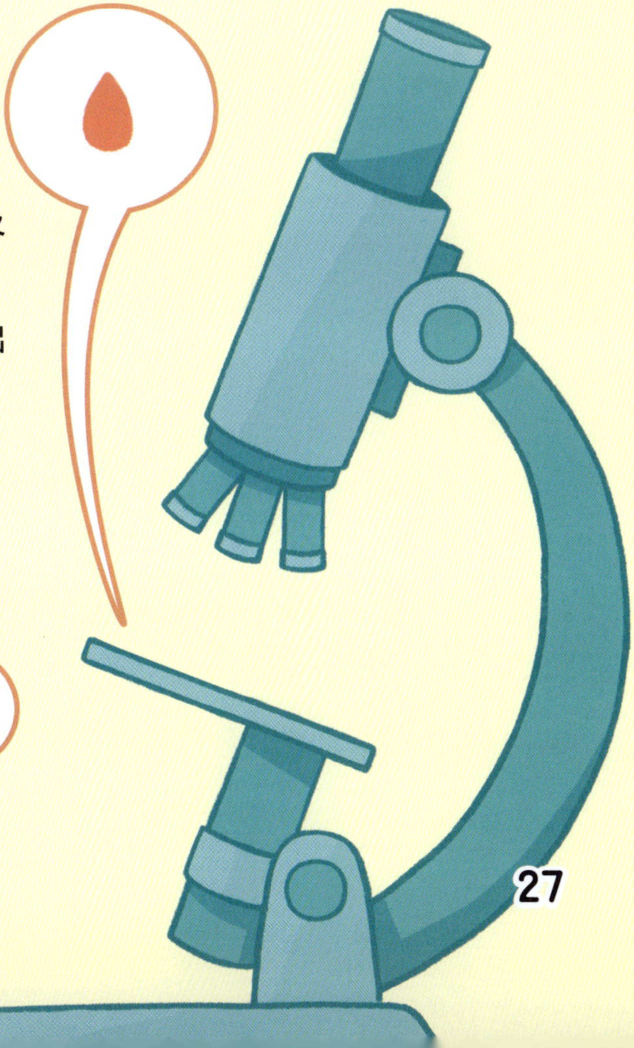

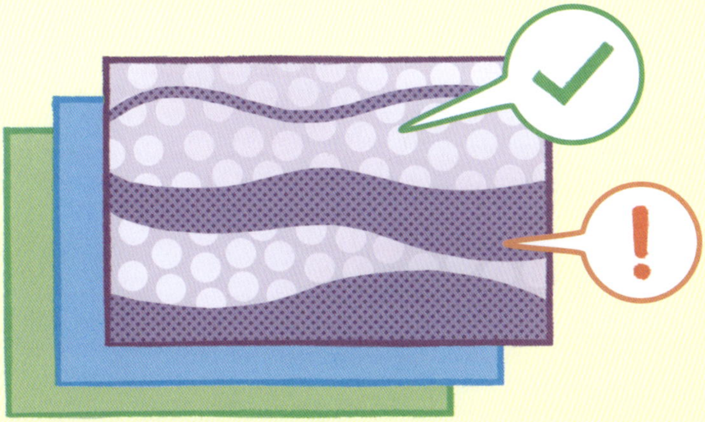

气象预报

虽然人工智能在图像、视频、文本方面都取得了不错的成绩，但在气象预报方面却面临着极大的挑战。

气象预报为人类的出行提供了重要参考信息，能降低财产损失和人员伤亡的风险。然而，天气变化的尺度经常是上百千米，而台风更是达到数千千米。天气的时间变化短则几分钟，长则呈现数十年甚至数百年的周期性气候变化。加之气象观测手段有限，观测站的数量也有限，要准确预测天气极其困难。

在深度学习出现后，科学家们开始尝试不依靠传统的气象建模方法，而是利用气象大数据来进行气象预报。结果发现，人工智能确实能获得令人震惊的效果。

2021 年，谷歌公司的 DeepMind 首次实现了对 90 分钟后、几十万平方千米的降雨预测，且能在 1 秒之内计算完成。我国华为公司的盘古大模型也在 2023 年 7 月实现对全球气象的秒级预测。2023 年 11 月，DeepMind 新推出的气象预报深度模型能在 1 分钟内预测未来 10 天的天气变化。

虽然气象大模型的预测能力强大，但其对电能的消耗和成本的增加，与传统的气象预报模型相比，成本还是偏高许多。

机器人

人工智能多以软件形式存在，但也能与机器人结合，变成实体化的人工智能体。

只不过早期的工业机器人仅能机械地执行预设的程序，通常在工厂流水线上被广泛应用，但它们还不够聪明，缺乏必要的智能行为。

现今的机器人变得越来越厉害！比如波士顿动力公司的二足机器人已经可以执行后空翻、三级跳等复杂动作，能像体操运动员一样活动。而且可以将 GPT 接入机器人的控制系统，让机器人有自我思考的能力。

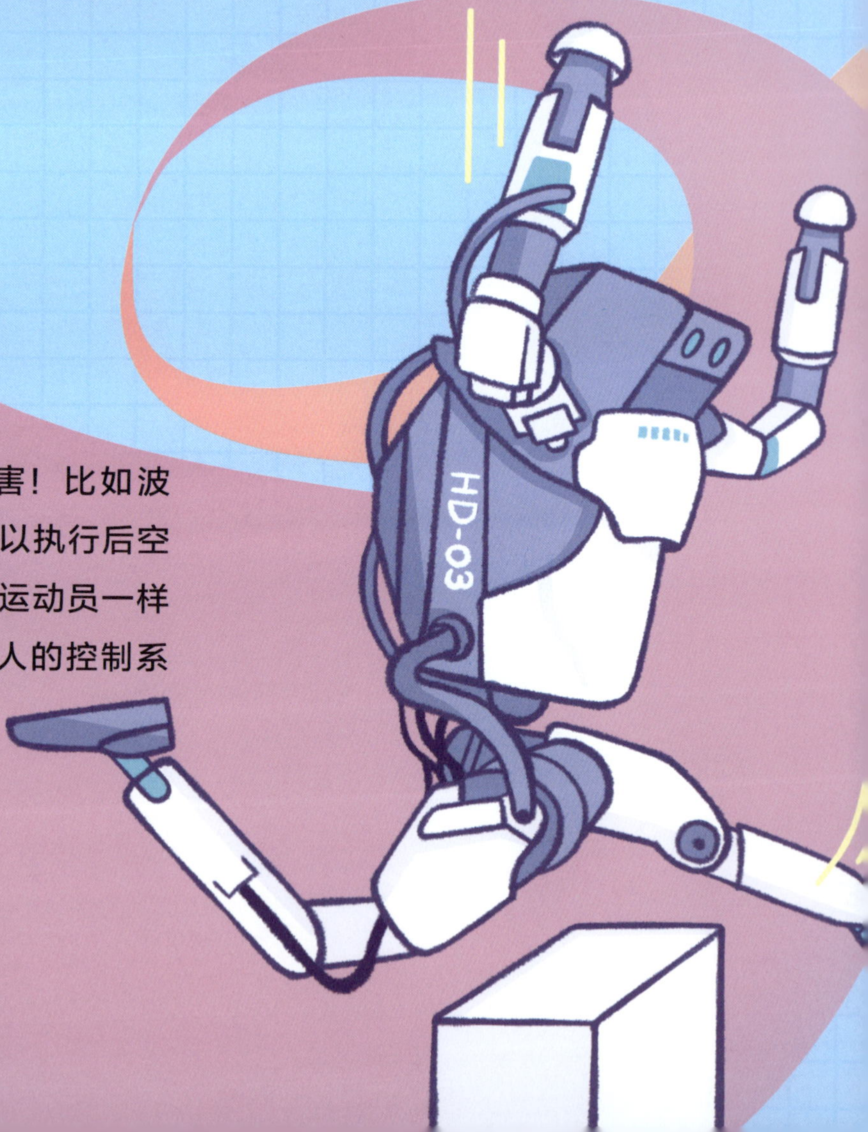

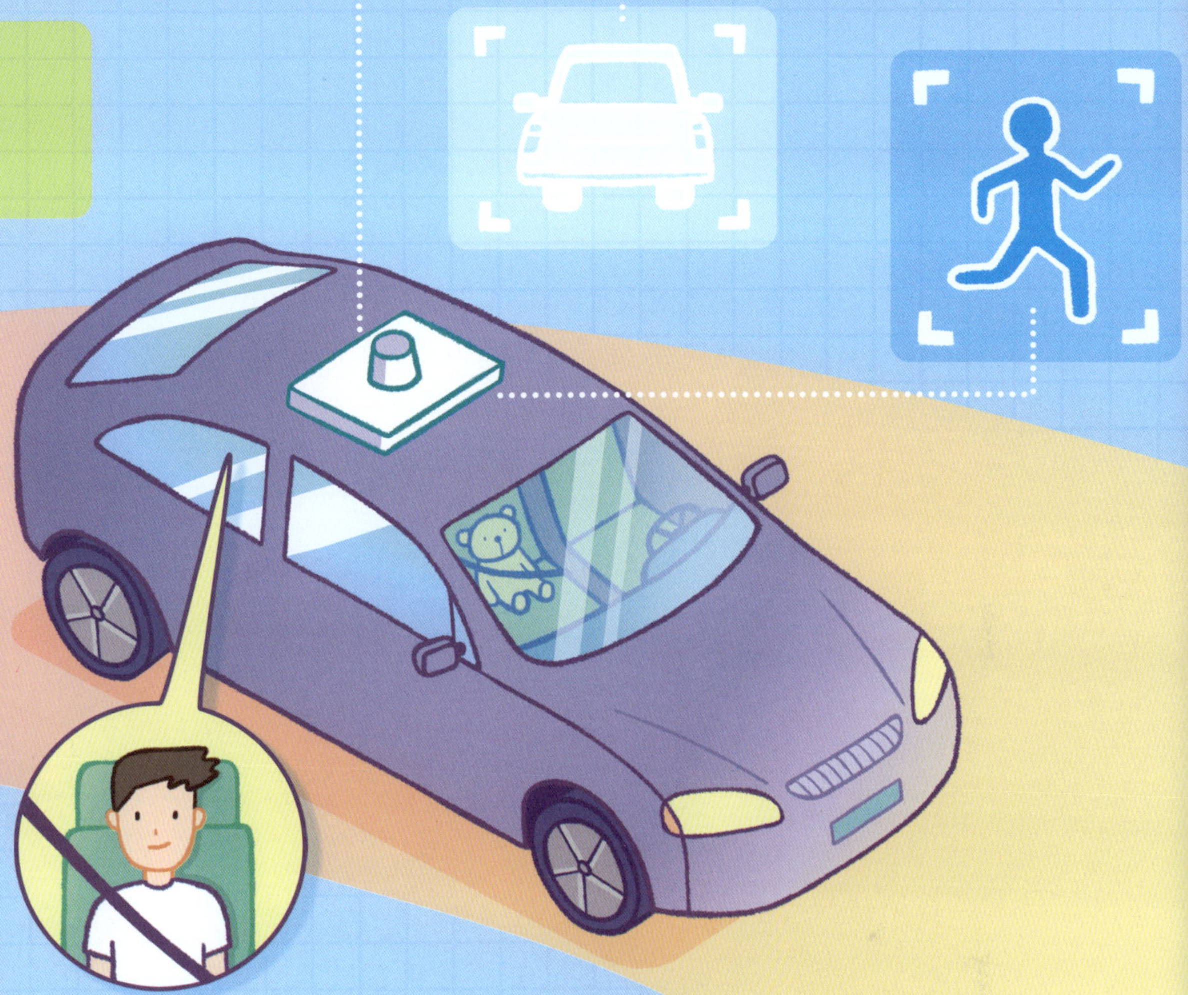

自动驾驶

除了机器人，还有“汽车人”——能自动驾驶的汽车。让汽车能像人一样驾驶并不容易，因为人有眼睛，具有双目立体视觉，可以根据交通状况灵活调整驾驶行为。

仅依靠摄像头的自动驾驶系统，处理意外情况时能力明显不足。如果增加各种传感器来帮忙，成本又会增加。同时，要让“汽车人”知道怎么走，还需要一张高精度的地图。鉴于交通环境的复杂性，实现“汽车人”独立驾驶的理想我们还需努力。

人工智能的记忆能力

小朋友，你是不是有时候觉得自己的记忆力不够好？别担心，因为人工智能的记忆力超强！只要存储能力够强，硬盘够大，理论上人工智能可以记忆的内容是没有限制的。

因此，人类如果想与人工智能比拼死记硬背的能力，必定是没有胜算的。不过，在直觉、灵感和顿悟方面，人类目前还占有优势。比如人类可以通过反复“刷题”找到解题捷径，而人工智能暂时还没领会其原理。

人工智能幻觉

虽然大模型 GPT 的记忆能力很强，但人们在跟它聊天时，发现有时候它会不着边际、一本正经地胡说八道，这种情况我们称之为“幻觉”。

这是因为人工智能本质上并不是按人类的规则来理解语言，而是以机器的方式来思考。当询问的问题不在其知识范围以内时，它就会胡乱组合、形成不合逻辑的表达。当类似的问题多了后，人工智能的“幻觉”情况会变严重。这也许是人工智能目前还无法完全解决的难题。

欺骗人的声音与视频

人工智能在模式学习方面表现出色，但也存在潜在的风险。

比如现在人工智能的语音识别能力非常强，可以准确识别我们的声音（除了遇到汉语里一些容易引发歧义的语言或新的专业术语，它有时会出错）。

同时，人工智能可以模仿人的声音和进行视频生成，达到了以假乱真的效果。

如果这些人工智能技术被坏人利用，做成骗人的音频或视频，而不知情的人很可能受骗上当，造成不必要的损失。

事实上，现在已经有不少被骗的案例。所以，我们需要多了解人工智能的进展，防范人工智能诈骗。

人工智能军事化

人工智能在军事上的应用也已非常广泛。它不会像人类一样受情绪影响，计算速度比人快，往往能比对手做出更快的反应。而人工智能控制的机器人无惧伤亡，可能在战争中造成不可估量的后果。

正因为如此，很多科学家都在呼吁不要将人工智能运用于军事。

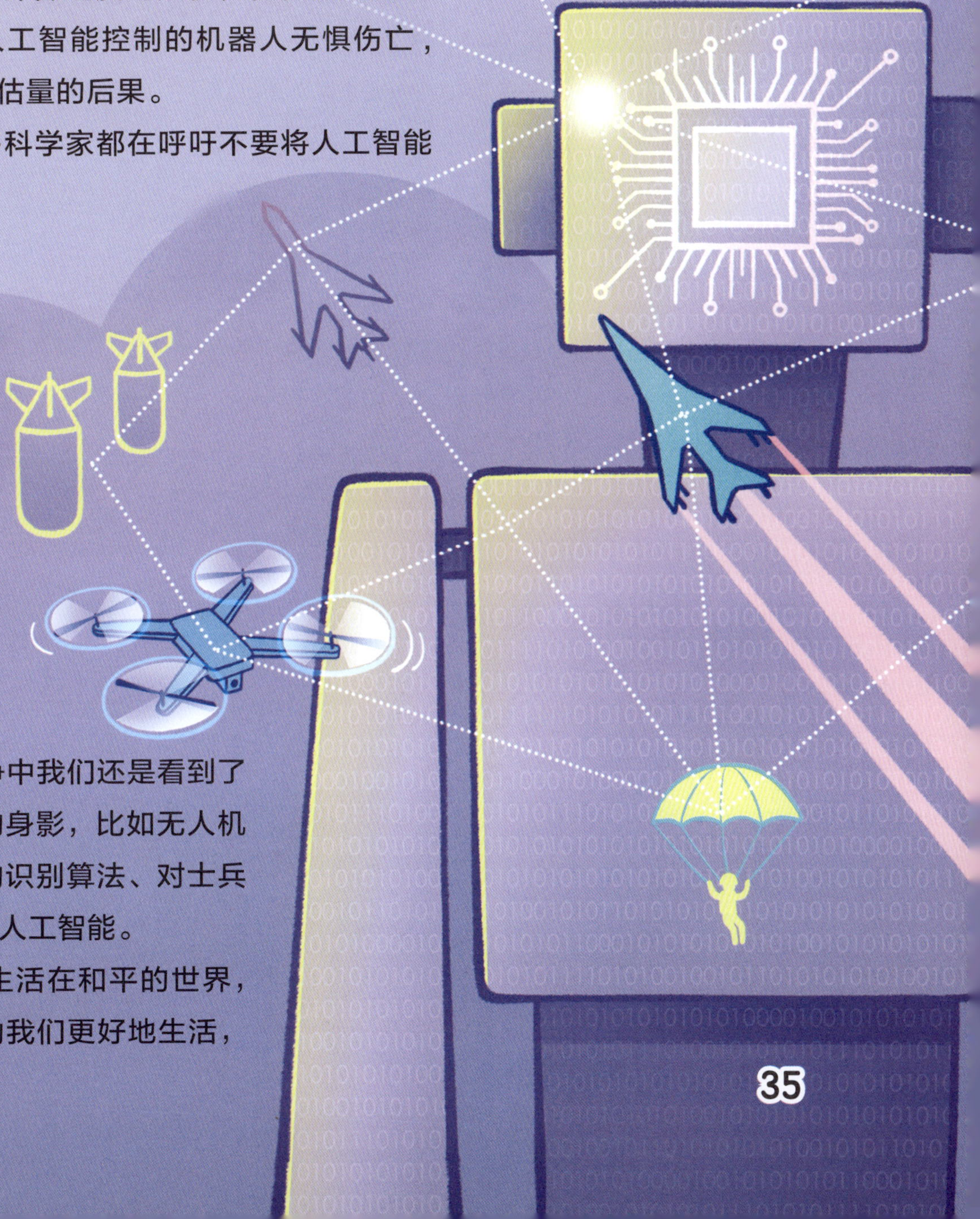

然而，在现代战争中我们还是看到了越来越多的人工智能的身影，比如无人机的大量使用。其底层的识别算法、对士兵或战车的跟踪都离不开人工智能。

我们希望人类能生活在和平的世界，毕竟科技应该用来帮助我们更好地生活，而不是带来伤害。

人工智能加速人生

人工智能正在潜移默化地影响着我们的生活。

比如，当我们在街上看到匆匆而过的外卖小哥时，那可能是外卖平台通过大数据和人工智能算法，帮助外卖小哥找到了最快的配送路线。而外卖小哥为了能更好地利用时间，又可能会发现更短、更快的路线。

当平台也从外卖小哥的新路径中学习并推测出更快的一条，就有可能在平台上用其替代慢的路径，导致外卖小哥越走越快。

从某种意义来说，就像是人工智能加速了我们的生活节奏。但我们是否应该容许这种情况出现呢？

平行学习 / 数字孪生 / 元宇宙

人工智能如何加速学习呢？人类未来的生活方式会是什么样呢？

这两者似乎有一个共同的需求，那就是要建立数字孪生世界或元宇宙来进行平行学习。

真实世界是依赖时间的，我们无法突破时间的限制。然而，我们可以建立一个与真实世界相似的虚拟世界，进行平行学习。

在虚拟世界里，时间是可以加速的。这让许多在真实世界不能模拟的危险事情，比如汽车事故，能在虚拟世界中可以无风险地实现。

不仅如此，我们在虚拟世界中学习到的经验和规律还能指导真实世界里的类似行动。这个虚拟世界，有人称它为平行世界，也有人称它为数字孪生，还有的人称它为元宇宙，是不是很酷呢！

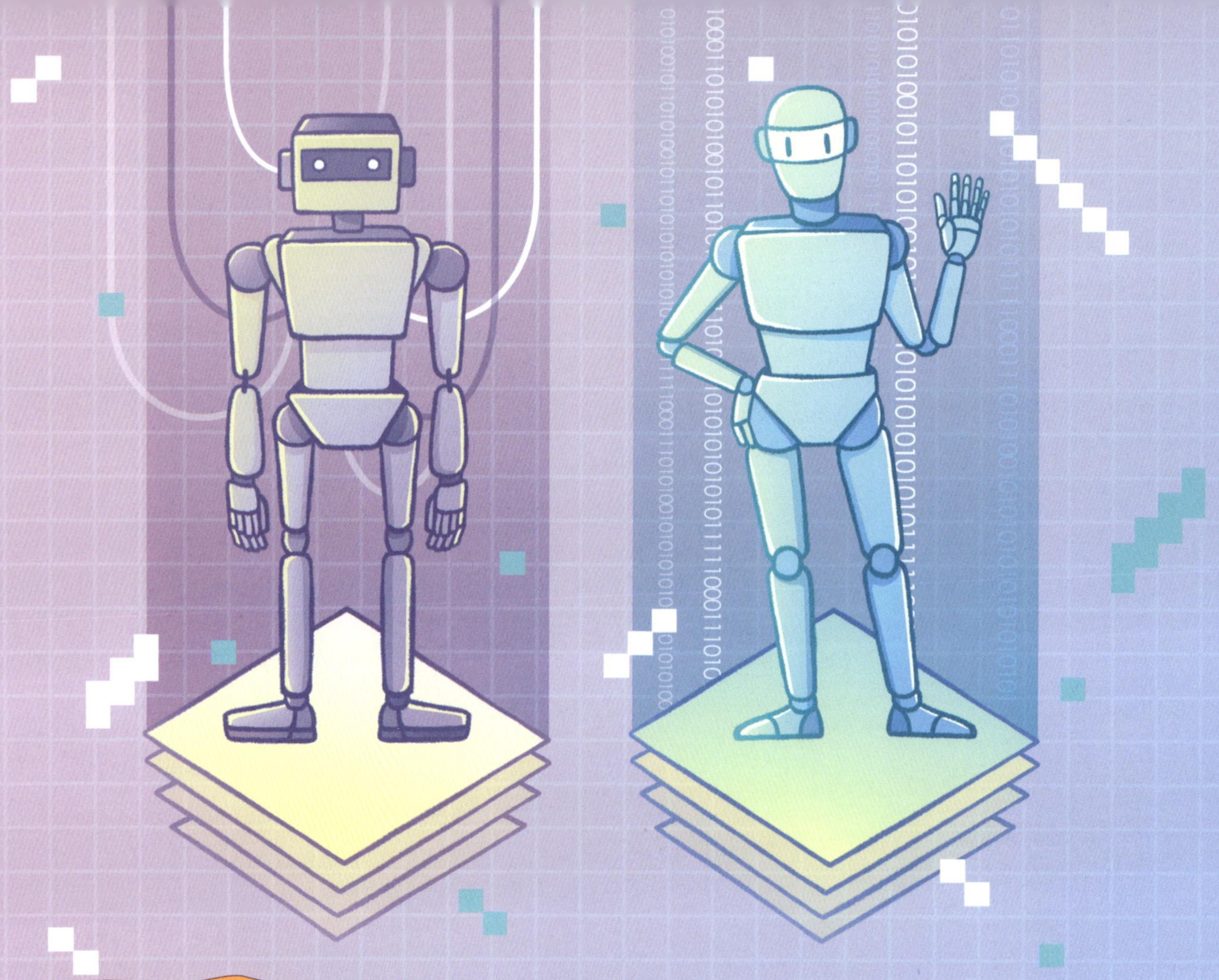

强人工智能

在人工智能探索的道路上，科学家们有时会认为存在两种人工智能的形态。

一种是弱人工智能，它看上去很像真正的人，能完成特定任务，但不具备像人类一样的意识；另一种是强人工智能，它能跟真人一样行动、处事，有自我意识。

不过，目前我们能见到的和正在研究的人工智能，都停留在弱人工智能层面。强人工智能依然很难实现。

复杂性

为什么实现强人工智能这么难？在 20 世纪 80 年代就有一个说法曾被提及，称为莫拉维克悖论。

该悖论揭示了一个有趣的现象：人觉得复杂的任务，计算机会觉得简单。但人觉得简单的，计算机可能觉得很难。

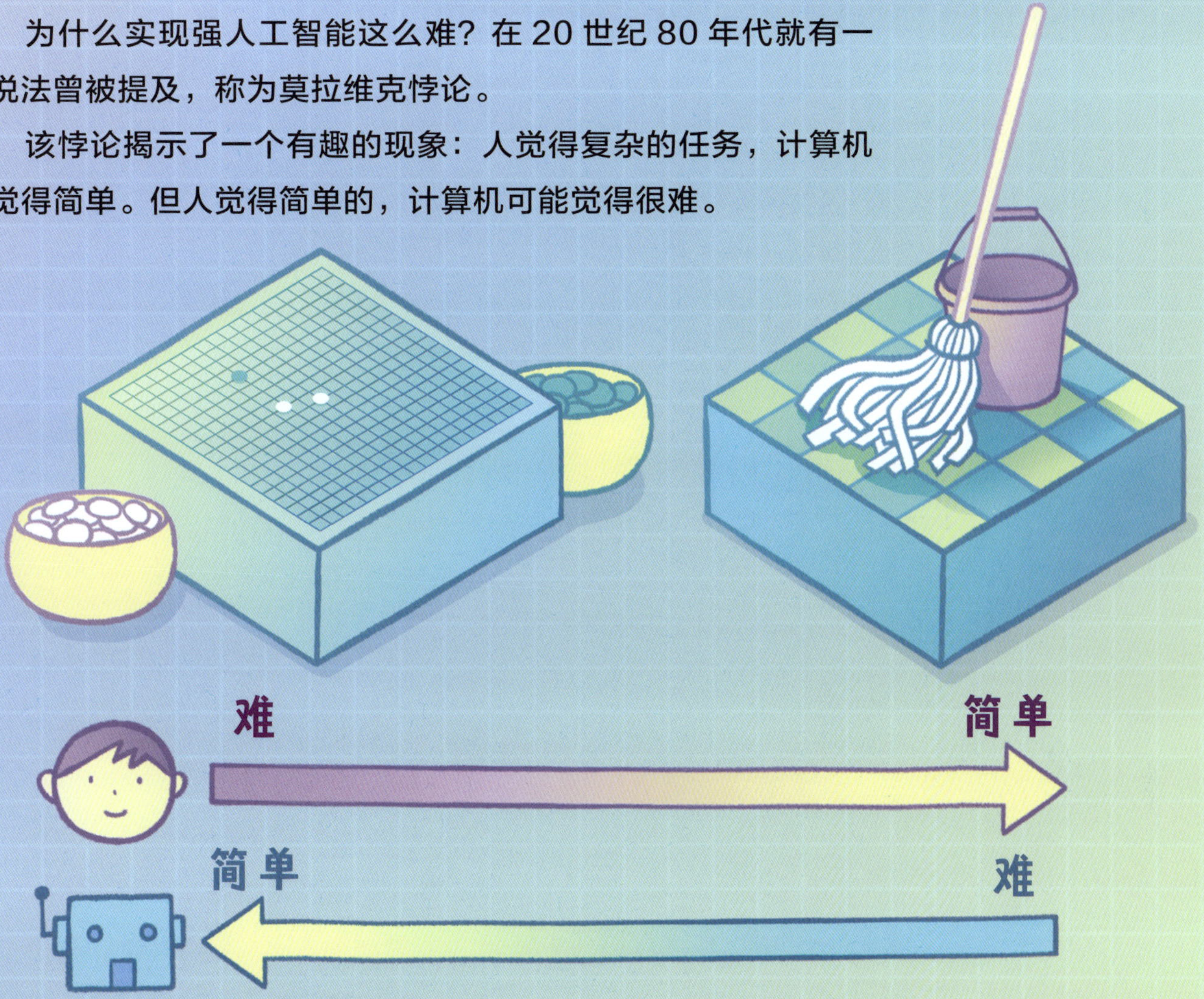

比如下围棋，人类需要花费长时间学习才能掌握其中的精髓，但一旦将其程序化后，计算机就能很快击败人类。但像打扫卫生这样的工作，人类觉得简单，却没有好的办法将其精确地编成程序，结果计算机在这方面反而做不好。

人机混合增强智能

未来要解决莫拉维克悖论的办法之一是发展人机混合增强智能。

人工智能没有人类的情绪易变问题，稳定性更好，预测能力强，但有可能出现未在程序里的意外情况。

比如特斯拉汽车曾经撞上高速公路上倾覆的货车，原因是把货车的白色车顶误判成天空。

虽然人类直觉思维和快速判断的能力远胜于人工智能，但容易犯错，容易情绪失控。

比如，当母亲看到孩子作业始终做不对时可能会生气，驾驶员开车时可能会因“路怒症”而引发事故。

因此，单纯相信人工智能或单纯依赖人类，都不完全靠谱。未来很多年内，两者仍然需要相互结合，共同增强。

感知与认知

不仅如此，人工智能的研究方向也值得思考。

人类的发育、自然界生命体的进化，都是从感知开始的，即先有视觉、听觉、触觉，然后才能理解抽象的概念和语言。

就像我们小时候，很容易认识一个新玩具，但要理解像“红色”“黄色”这种摸不出来的概念，就需要更长时间。

但人工智能却先通过语言来理解世界，再产生图像和视频，这与我们的成长过程不同。

那么我们不禁要问，人工智能的方向是不是有可能走错了呢？

人工智能与自然界的进化

事实上，自然界的进化真是令人惊叹，比如小小的细胞里藏着如此复杂的结构。

反观人工智能模型，比如深度学习类似于千层蛋糕的结构，但与细胞的精妙结构相比，就显得简单多了。

而且深度学习也存在用时间换空间的代价。目前，人类偏好用巨量的能耗来换得智能的微小提升。

所以说，虽然人工智能现在已经取得了飞速的发展，但要达到强人工智能阶段，可能还需要很长的时间和很多的努力。

人工智能科学史上 10 位标志性人物

艾伦·图灵

英国数学家、逻辑学家，被称为人工智能之父。曾提出计算机的原型——图灵机，以及测试计算机是否智能的标准，即图灵测试。

沃伦·麦卡洛克

美国心理学家。他和数理逻辑学家沃尔特·皮茨一起于 1943 年提出了以两人首字母命名的 MP 模型。该模型模拟了大脑神经元对外界刺激的响应行为，是神经元的数学描述。该模型激发了神经网络和深度学习的发展。

诺伯特·维纳

美国数学家，控制论创始人。他 15 岁就大学毕业，是公认的神童。他在 1948 年出版的书《控制论》中探讨了动物和机器中的控制和通信。该书标志着现代控制科学理论的诞生。他也是信息论开创者之一。

马文·明斯基

美国计算机科学家和心理学家。他是人工智能先驱和框架理论的创立者，也是人工智能得以命名的“达特茅斯会议”的发起人之一。

约翰·麦卡锡

美国计算机科学家。在 1956 年的达特茅斯会议上提出“人工智能”一词，也被誉为“人工智能之父”。他在 1958 年发明了在人工智能领域广泛使用的 LISP 语言。同年，他和明斯基一起创建了世界上第一个人工智能实验室。

爱德华·费根鲍姆

美国人工智能学家。他和同事开发了人工智能领域第一个专家系统 DENDRAL。该系统可以根据化学公式和化合物的质谱数据，推测复杂化合物的几何结构。

尼尔斯·尼尔森

美国人工智能学家，人工智能领域的先驱之一。他出版过多本人工智能经典书籍，曾提出 A* 启发式搜索算法，与查理·罗林一起领导了世界上第一台移动机器人 SHAKEY 项目。

阿世师·瓦斯瓦尼

美国计算机科学家。任谷歌科学家期间，与 7 位同事一起，于 2017 年提出了转换模型 Transformer。该模型原意是希望改进机器翻译的性能。通过引入自注意力机制，该模型快速提升了计算机理解语言的能力，也引发了生成式人工智能的崛起。

杰弗里·辛顿

加拿大计算机科学家，2018 年图灵奖获得者，2024 年诺贝尔物理学奖获得者，被誉为“AI 教父”。他将反向传播算法引入神经网络中，推动了神经网络的复兴。他提出了深度学习概念和相关模型，并因此引领了人工智能的发展。

拉特飞·扎德

美国数学家，模糊逻辑创始人。该理论为处理不确定性问题提供了新的思路，目前已经成为人工智能的一个主要分支。

如何成为一位人工智能学家？

亲爱的未来小科学家，你想成为一名杰出的人工智能学家吗？那么，不妨从现在开始，从点滴做起，为你们的梦想铺路吧！以下是一些建议，希望能帮助你踏上人工智能的探索之旅。

保持足够的好奇心

人工智能的发展与人类乃至生物体的智能发育和环境息息相关。而科学研究最宝贵的品质之一是学会“幼态保持”，也就是像小孩子一样对世间万物都有着足够的好奇心。只有这样，你才会有源源不断的创新能力。

打好坚实的基础

从事人工智能研究需要有扎实的数理化基础，才能真正理解人工智能里的奥妙。同时，还要有好的文科素养，它能帮助你理解科技文献、清晰地表达观点和撰写研究论文。

勇于实践，大胆假设

科学研究不能纸上谈兵，尤其是人工智能研究。现实的问题往往比理论上的想法更为复杂，不实践很难判断自己的创新是否正确有效。同时，也不能畏手畏脚，要大胆提出新的想法，失败是成功之母。尝试的次数多了，自然就知道科学研究的内在“门道”了。

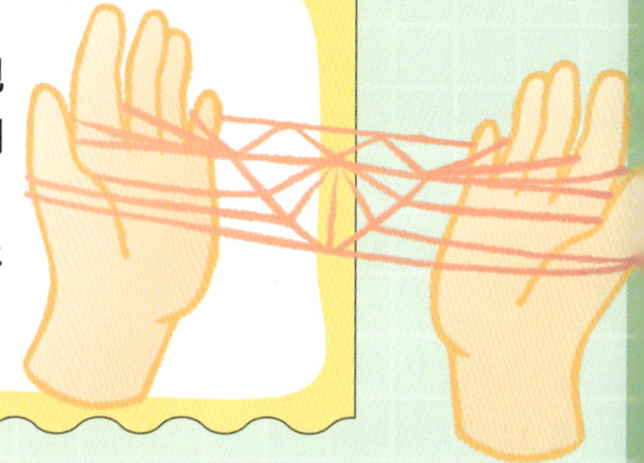

持续学习

人类对智能的理解仍有很大的探索空间，这使得人工智能在发展的历史上经常会出现大的方向性转换。如果只是自满于已经掌握的人工智能知识，而不去持续跟进人工智能的发展，很容易被新的发展方向淘汰，所以持续学习对于从事人工智能研究的人来说特别重要。

“斜杠”人才

人工智能是一个比较宽泛的领域，它包含基础理论、算法设计、实验验证等多个方面。在未来，它也将与各行各业深度融合，形成跨学科的应用。所以，如果你有全方位发展的潜力，成为“斜杠”人才，会更容易在人工智能领域施展才华。

后记

在这个日新月异的科技时代，每一刻都充满了惊喜与挑战。小朋友们是未来的主人翁，他们充满了对这个世界的好奇心与探索欲。引导小朋友们正确认识科技、理解科技，激发他们对科学的热爱与追求，我们责无旁贷。

正是基于这样的考虑，我欣然接受了湖南科学技术出版社与我的老朋友——《中国日报》张周项记者的邀请，为《我是未来科学家》系列绘本担任主编。作为《第一推动丛书》的出版者，湖南科学技术出版社在我国科普界具有崇高的声誉。希望我们这套绘本，也能配得上这份历史性的声誉，甚至对它有所增益。

我为这套绘本做的第一件事，是跟邹莉编辑与张周项记者等人商定 10 个前沿领域主题。太空探索、人工智能、基因编辑、新能源、脑科学、芯片、种子……都是引人入胜而且对现实十分重要的新兴科技。当然，还有我最熟悉的量子信息。

我为这套绘本做的第二件事，是努力为本系列的各个主题邀请到相应领域的资深专家执笔。

例如复旦大学生命科学学院退休教授顾凡及先生，是我十分尊敬的科研界与科普界老前辈。他在退休后做了大量的脑科学科普，而且从不人云亦云，对许多热门消息发表过冷思考，如欧盟的人脑计划与马斯克的神经联结公司。最有趣的是，他的这些冷思考多次得到事实的验证。因此由他来担纲解读脑机接口，在质量上就有天然的保证。

又如我的中国科学技术大学师弟——中国科学院国家空间科学中心研究员周炳红博士，他是真正的航天专家，尤其是在火箭推进剂方面。他关于推进剂在失重条件下流动性的研究，对“长征五号”复飞有重要贡献。他和李明涛等同事还研究小行星防御，提出了“以石击石”的新型战略，引起国内外很多媒体的轰动。与此同时，周炳红老师也十分热爱科普，入选了“中国航天科普大使”。实际上，他的科普工作从一开始就是跟我一块做的。由他来解读太空探索，自然再合适不过。

由于篇幅关系，无法在这里对每一位作者都做详细的介绍。但我们可以确定，每一位作者在相应的领域都是响当当的专家。这是我们这套绘本最大的底气所在，是值得向所有人推荐的。

我为这套绘本做的第三件事，是自己作为作者，撰写量子科技分册。在此，我要特别感谢张周项记者，他不但自告奋勇地担任了这套绘本的执行主编，还组织了一支优秀的插画团队。书中的插图既准确又生动，表明他们确实下了很大的工夫来理解量子信息这样深奥的科技，令人十分动容！

每一个领域的专家，其实都能够下笔万言。但为了让小朋友轻松阅读、高效吸收，我们精心将每册内容凝练至适宜篇幅，并融入大量生动有趣的插图。此外，每一册最后都会列出九至十位在此领域做出重要贡献的科学家，还有一个问答：如果你想成为这个领域的科学家，你该怎么办？希望这些编排，能够激发更多小朋友对科技的热情。

《我是未来科学家》系列绘本，是我们为小朋友精心准备的一份礼物。希望通过这套绘本的陪伴与引导，小朋友们能够更加勇敢地面对未知，更加积极地探索世界，成为未来科技的引领者与创造者。让我们一起点亮未来之光，探索科技的无限可能吧！

袁岚峰

图书在版编目（CIP）数据

我是未来科学家. 人工智能会超越人类吗？ / 袁岚峰主编 ; 张军平著. -- 长沙 : 湖南科学技术出版社, 2024. 12. -- ISBN 978-7-5710-3315-6

Ⅰ. Z228.1；TP18-49

中国国家版本馆 CIP 数据核字第 2024AM8539 号

WO SHI WEILAI KEXUEJIA RENGONG ZHINENG HUI CHAOYUE RENLEI MA ?

我是未来科学家 人工智能会超越人类吗？

主　　编：袁岚峰
执行主编：张周项
著　　者：张军平
绘　　者：梁　晨
出 版 人：潘晓山
责任编辑：邹　莉　刘羽洁
出版发行：湖南科学技术出版社
社　　址：长沙市芙蓉中路一段 416 号泊富国际金融中心
网　　址：http://www.hnstp.com
湖南科学技术出版社天猫旗舰店网址：
　　　　　http://hnkjcbs.tmall.com
邮购联系：本社直销科 0731-84375808
印　　刷：长沙市雅高彩印有限公司
　　　　　（印装质量问题请直接与本厂联系）
厂　　址：长沙市开福区中青路 1225 号
邮　　编：410153
版　　次：2024 年 12 月第 1 版
印　　次：2024 年 12 月第 1 次印刷
开　　本：889 mm×1230 mm　1/16
印　　张：3.25
字　　数：23 千字
书　　号：ISBN 978-7-5710-3315-6
定　　价：35.00 元